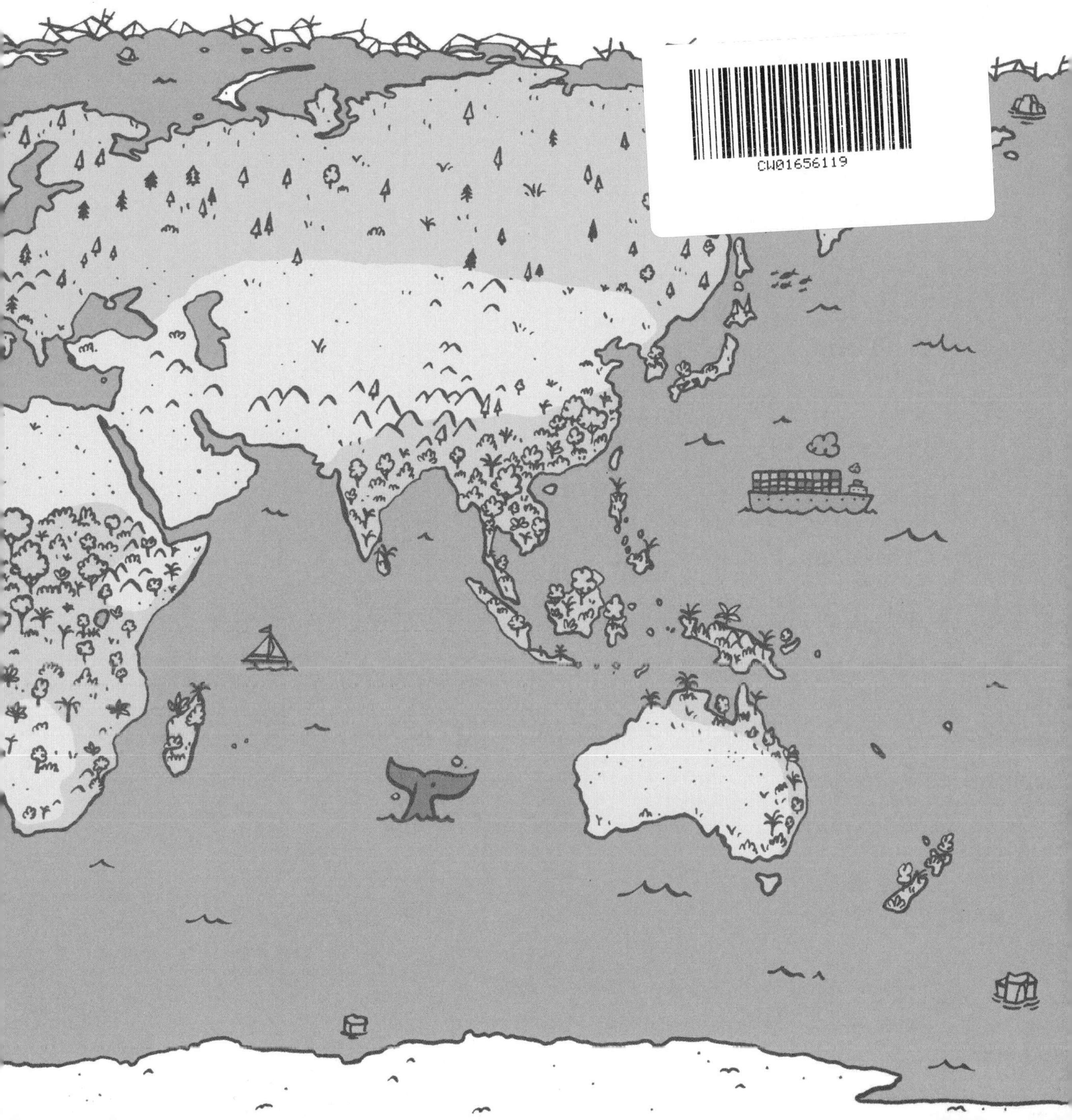

Textes : Hugo Clément et Alice Durand
Illustrations : Perceval Barrier
Ouvrage dirigé par : Anne Kalicky – Comptoir éditorial
Création graphique : Marie Pécastaing
Lecture-corrections : Clémentine Sanchez

ISBN : 9782213725826
Dépôt légal : mars 2024
Loi n° 49-956 du 16 juillet 1949 sur les publications destinées à la jeunesse,
modifiée par la loi n° 2011-525 du 17 mai 2011.

Hugo Clément & Perceval Barrier

mission planète
les animaux

fayard jeunesse

Salut! Je m'appelle Hugo. Mon métier, c'est journaliste. Je parcours le monde entier avec une caméra pour que les gens comprennent que notre planète est merveilleuse et qu'il faut absolument en prendre soin. Je vais à la rencontre d'animaux fascinants et de personnes incroyables, qui se mobilisent pour les protéger.
Moi, c'est Pia. Avant qu'Hugo ne m'adopte, j'avais été abandonnée, puis recueillie dans un refuge. Heureusement!

Pars en mission animaux !

Chausse tes baskets les plus confortables, prends ton livre *mission planète*, ainsi qu'un carnet et un crayon pour dessiner. Pia et moi, nous t'emmenons en mission pour apprendre à connaître et protéger les animaux !

Tu vas découvrir une foule d'activités, d'informations passionnantes et bien sûr, d'actions à mener.

Tu comprendras que les animaux sont sensibles, intelligents et joueurs, comme toi.

Nous irons aussi en balade dans la forêt, en ville, dans les jardins et sur la plage. Tous ces endroits regorgent d'animaux !

Nous te prendrons sous notre aile pour participer à des reportages : tu partiras à la rencontre des lynx, des requins, des gorilles et des papillons monarques.

Enfin, **il te faudra agir**. Dans ton quotidien, tu peux toi aussi changer les choses !

Allons à la découverte du monde des animaux !

Sommaire

Sensible comme une pieuvre

J'ai récemment appris que les pieuvres ont 9 « cerveaux » ! Un dans la tête et un dans chaque bras. Comment perçoivent-elles le monde qui les entoure ? Que ressentent-elles ? Cela reste très mystérieux !

Des nerfs antibrûlures

Comme presque tous les animaux, tu possèdes un système nerveux. Il te permet de réagir à ce qui se passe autour de toi. C'est grâce à lui que tu peux retirer ta main si tu touches un objet brûlant, taper dans un ballon (et non à côté !), répondre à un sourire ou pleurer lorsque tu te fais mal.

Plein d'émotions

On sait aujourd'hui que **beaucoup d'animaux ont des émotions** : ils peuvent aimer leurs enfants, avoir des amis, être joyeux, tristes, stressés...
Même si on ne connaît pas en détail ce qu'ils ressentent, **il faut faire attention à eux et les respecter** !

Parles-tu la langue des fourmis ?

Les scientifiques tentent de comprendre ce que les autres animaux pensent. Ce n'est pas facile, car nous ne savons pas parler avec eux. **Ils utilisent souvent un langage que nous ne comprenons pas, tout comme eux ne comprennent pas le nôtre.** À quand un traducteur français-langue des fourmis ?

Des êtres sensibles

Les mammifères, les oiseaux ou encore les pieuvres, sont des êtres sensibles. Les chercheurs ont observé qu'ils ne se comportent plus du tout de la même façon s'ils ont souffert. Nous savons aujourd'hui que même les crabes et les crevettes ressentent la douleur.

L'humain, un drôle d'animal

Les humains ont très souvent envie d'être considérés à part, voire au-dessus des autres animaux. **Pourtant, d'un point de vue biologique, nous sommes des animaux comme les autres. Nous appartenons à la classe des mammifères** (des animaux qui, à quelques exceptions près, ont des poils et peuvent allaiter leurs petits).

Intelligent comme une abeille

Je suis fasciné par tout ce que les animaux savent faire. Chaque fois que je rencontre un scientifique qui étudie leur comportement (un éthologue), je découvre de nouvelles facettes de leur intelligence. Voici quelques drôles d'anecdotes.

Le GPS des abeilles

Arriverais-tu à indiquer à tes amis où se trouve un champ de fleurs sans utiliser une carte et sans parler ? Les abeilles savent le faire ! **En dansant, elles se disent où trouver du nectar ou du pollen.** Leurs vibrations et leurs mouvements indiquent la direction à suivre, ainsi que la distance. Comme ça, leurs copines savent où aller pour se régaler !

Des voitures casse-noix

Les corneilles, de gros oiseaux noirs qui ressemblent à des corbeaux, posent parfois des noix devant les voitures arrêtées aux feux rouges. Puis elles attendent que le feu passe au vert pour que les voitures cassent la coque des noix en roulant dessus. **Les oiseaux peuvent alors les manger tranquillement.**

La sagesse des éléphants

Les éléphants vivent en familles très unies.
Elles sont dirigées par les femelles les plus âgées.
Grâce à leur expérience, elles peuvent prendre les bonnes décisions pour trouver de la nourriture ou protéger les éléphanteaux contre les prédateurs.
La harde d'éléphants a ainsi plus de chance de survivre !

Super-poussins

Dès l'âge de 5 jours, **les poussins savent compter**, faire des additions et des soustractions. Et toi, en es-tu capable ?

Vive la solidarité chez les chimpanzés !

Lorsque la mère d'un jeune chimpanzé meurt, celui-ci n'a plus personne pour s'occuper de lui. **Il arrive alors qu'un autre chimpanzé l'adopte.** Il partage sa nourriture avec lui et le défend, même si cela lui demande beaucoup d'énergie.

Intelligent ou... intelligent ?

Pour savoir s'ils sont intelligents, nous proposons aux animaux de résoudre des problèmes inventés par les humains. Mais réussirions-nous à relever les défis que nous lanceraient d'autres animaux ? Pas sûr ! **Il n'existe pas une, mais plusieurs intelligences.**

Joueur comme un corbeau

J'adore jouer avec ma famille, mes amis et, bien sûr, avec ma chienne Pia ! Comme nous, beaucoup d'animaux aiment jouer. C'est une manière d'apprendre, mais sans doute aussi de se faire plaisir.

Faire comme si

As-tu déjà vu un chat s'amuser avec une balle ou une pelote de laine ? Il se cache derrière un meuble, se tapit au sol pour l'approcher et lui bondit dessus en lui donnant de petits coups de patte. **Il fait comme si son jouet était une souris.** Lorsque tu joues « au papa ou à la maman », au docteur ou que tu fais semblant de préparer un repas, toi aussi tu joues à « faire comme si » !

Chahuter

Lorsqu'ils sont jeunes, beaucoup d'animaux chahutent : les félins (comme les chats ou les lions), les canidés (comme les chiens ou les renards), les primates (comme les chimpanzés ou les humains), etc. Ils bondissent, roulent l'un sur l'autre, se sautent dessus ou courent soudain très vite. **Ces animaux font attention à ne pas se faire mal : c'est juste pour jouer !**

Des oiseaux aux sports d'hiver

Les grands corbeaux sont parfois observés en train de **faire des cabrioles dans la neige**. Ils se placent en haut d'une pente et se laissent rouler jusqu'en bas. Quant aux corneilles, elles ont été vues en train de glisser sur un objet le long d'un toit.

Le jeu, c'est sérieux !

Jouer est très utile. En plus du plaisir que cela procure, cela permet de devenir plus fort, plus habile, plus intelligent ou plus compréhensif. Alors, si par hasard on te demande d'arrêter de jouer, n'hésite pas à répondre : **je ne joue pas, j'apprends !**

Mène l'enquête

Parmi tous ces animaux, devine lequel est mon préféré. Aide-toi des indices !

Il est **plus petit que le lion**, mais **plus gros que le lapin**.

Il n'est **ni vert, ni bleu** et il **vit dans la forêt**.

Il appartient
à la **même famille**
que le chat.

C'est un **animal sauvage**
que tu peux rencontrer
en France.

Et toi, quel est ton animal préféré ?
Invente des indices et fais-le deviner à quelqu'un !

Réponse : le lynx est mon animal préféré.

Mission renards dans la forêt

Pour observer les animaux, j'adore me promener dans les bois. Les animaux y sont libres. Je choisis un endroit avec une vue dégagée, j'attends patiemment et que vois-je ? Un renard !

Le renard

Détective en animaux

Pour savoir où te poster et tenter de voir des animaux, cherche d'abord leurs traces :

- des **empreintes de pas**

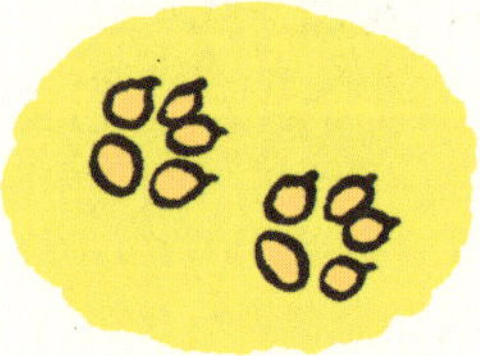

- des **excréments** (les cacas)

- des **restes de leurs repas** (une pomme de pin rongée par un écureuil, une noisette grignotée par un campagnol ou un mulot, des poils ou de petits os, etc.).

À l'affût

Les animaux sauvages ont souvent très peur des humains. Pour les voir, il faut être discret.

- Mets des habits aux couleurs naturelles (vert et marron par exemple) et trouve une cachette (pourquoi pas derrière des arbres ou des pierres).

- Place-toi face au vent (comme ça, les animaux ne te sentiront pas).

- Ne fais pas de bruit.

- Sois patient !

Où voir les animaux ?

Pour observer les animaux facilement, tu pourrais te rendre dans un zoo ou un parc animalier. Cependant, dans ces endroits, ils ne vivent pas dans leur milieu naturel et ne sont pas libres. **Choisis plutôt d'aller te promener en forêt, à la montagne ou au bord de la mer !**

Mission oiseaux des villes

Beaucoup d'oiseaux vivent dans les parcs et les jardins des villes. Quand j'habitais à Paris, j'aimais profiter des petits coins de nature entre les immeubles ou à l'écart des grandes rues.

Les pigeons

En ville, l'animal que tu croises le plus souvent est sans doute le pigeon !
Il en existe plusieurs sortes. Sauras-tu les reconnaître ?

Pigeon biset

Pigeon ramier

De la vie sur les trottoirs

Les herbes poussent dans les fissures du goudron, **les oiseaux** remplissent les arbres et les parcs.
La nuit, les renards rôdent parfois dans les rues désertes !

Monsieur ou Madame ?

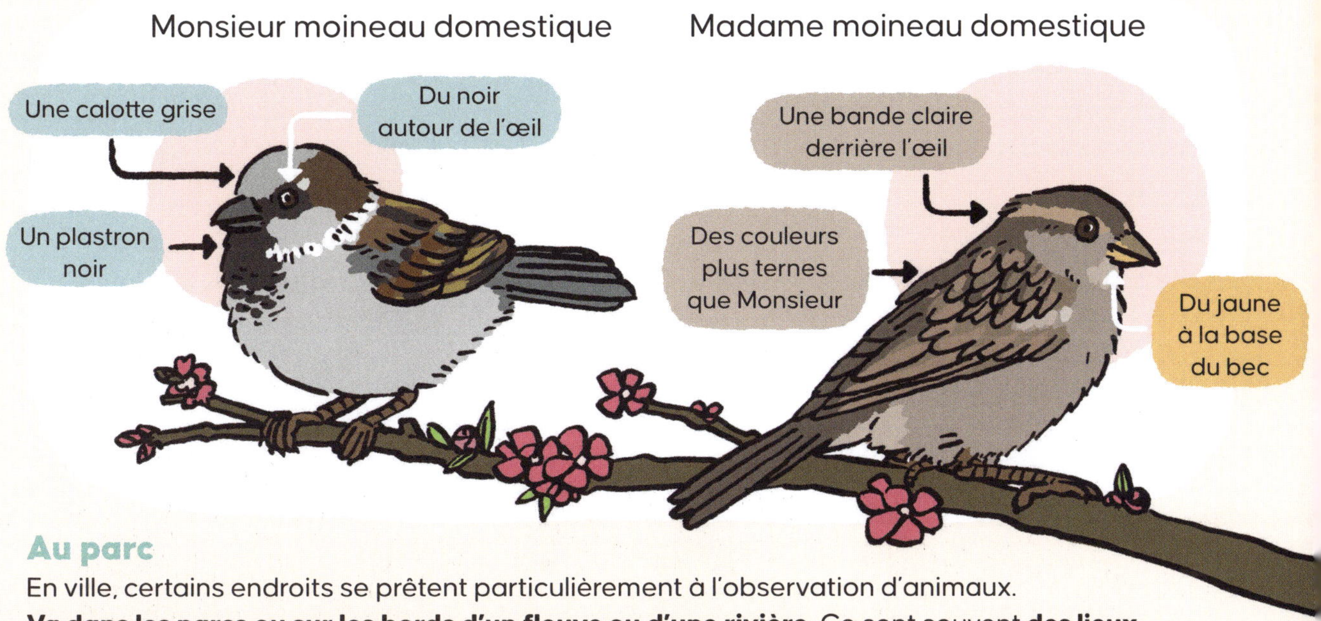

Au parc

En ville, certains endroits se prêtent particulièrement à l'observation d'animaux. **Va dans les parcs ou sur les bords d'un fleuve ou d'une rivière.** Ce sont souvent **des lieux plus propices à accueillir des animaux**. Tu pourras notamment voir des moineaux domestiques, ces petits oiseaux qui se déplacent souvent en bande et qui ont appris à vivre à nos côtés.

Dans la peau d'un scientifique

Dans un petit carnet, dessine tous les animaux que tu observes. Note chaque fois la saison de ton observation à l'aide d'un petit dessin (par exemple, un bonhomme de neige en hiver, une fleur au printemps, un soleil en été et un champignon en automne). Ainsi, **tu pourras comparer tes observations d'une année sur l'autre**. Verras-tu toujours les mêmes oiseaux aux mêmes saisons ?

Mission petites bêtes dans les jardins

Quand j'étais petit, je passais un temps fou allongé dans l'herbe, à observer les centaines de créatures minuscules qui s'agitaient autour de moi. As-tu déjà fait cette expérience ?

Regarder de près

Au début, tu crois peut-être qu'il n'y a aucun animal. Mais **si tu regardes attentivement de près, tu en découvres plein** ! N'hésite pas à soulever délicatement les pierres et les morceaux de bois (mais remets-les toujours dans la position où tu les as trouvés). Regarde aussi sous les feuilles des plantes : tu en découvriras encore plus !

L'inventaire du jardin

Avec un ami, allez dans un jardin et donnez-vous 5 minutes **pour trouver le plus d'animaux possible**. Le gagnant sera celui qui aura découvert le plus d'espèces d'animaux ! N'oubliez pas de regarder dans les arbres pour voir les oiseaux.

Les fourmis

Lorsque tu trouves une fourmi, n'hésite pas à la suivre. Peut-être la verras-tu « discuter » avec d'autres fourmis en se touchant les antennes ? Peut-être découvriras-tu sa fourmilière ? C'est l'endroit où vivent les fourmis qui appartiennent à une même colonie. Tu remarqueras sans doute que toutes ne se ressemblent pas.

- **Les ouvrières** réalisent toutes les tâches. Les soldats sont de très grandes ouvrières, qui défendent la fourmilière.

- **Les princesses et les mâles** ont des ailes. Ils quittent leur fourmilière en volant pour créer de nouvelles colonies.

- **Les reines** sont des princesses ayant perdu leurs ailes. Elles ne sont pas les cheffes, mais les mères de toutes les fourmis de la colonie.

Cherche cette araignée !

Dehors, sur les murs des maisons et dans les abris, tu peux trouver une araignée très courante et inoffensive : **le pholque phalangide**.

Lorsqu'il a peur, le pholque s'agite sur sa toile. Ainsi, le prédateur a du mal à l'attraper ! Madame pholque phalangide pond ses œufs dans un cocon de soie qu'elle transporte partout avec elle.

Mission goélands à la mer

J'habite tout près de l'océan. J'y vais très souvent me promener en famille. Sur la plage, je trouve de nombreux trésors, abandonnés là par la mer : os de seiche, méduses échouées, coquillages, œufs de requin… Parfois, je m'imagine leur parcours, avant d'arriver jusqu'à nous.

Goéland argenté ou mouette rieuse ?

Mission océan !

Muni de gants et d'un seau, ramasse les déchets que tu trouves sur la plage : bouteilles, flacons en plastique, bâtons de sucettes, bouts de filet, etc.

Les dauphins

Comme nous, les dauphins sont des mammifères.
Ils communiquent, jouent et résolvent des problèmes.
Malheureusement, ils meurent souvent à cause des filets de pêche.
Lorsqu'ils sont capturés, ils ne peuvent plus remonter
à la surface pour respirer !

Défendre les animaux marins

Un jour, j'ai embarqué sur un bateau avec des personnes qui défendent les vaquitas, aussi appelés « pandas des mers ». Ce sont en fait des marsouins, de petits mammifères marins qui ressemblent à des dauphins. Ces défenseurs des vaquitas vivent ensemble sur le bateau, comme une famille, et **surveillent les pêcheurs illégaux** (on les appelle des « braconniers »). **Leur but : éviter que les vaquitas ne disparaissent.** Il n'en reste plus qu'une dizaine !

Mène l'enquête

Le bouquetin, le lynx, le cachalot,
le gypaète et le bourdon sont menacés.
Avec ton doigt, montre chacun de ces animaux.

Trouve les menaces qui pèsent sur chacune de ces espèces.

Réponse : 1. Le bouquetin ibérique est menacé par le changement climatique et la chasse illégale. 2. Le lynx boréal est menacé par les voitures, la déforestation et la chasse illégale. 3. Le grand cachalot est menacé par les filets de pêche. 4. Le gypaète barbu est menacé par la chasse illégale. 5. Le bourdon rural est menacé par l'usage d'insecticides.

Sauve les lynx

Lors d'un reportage sur les animaux menacés, j'ai assisté au sauvetage d'un lynx renversé par une voiture. Aujourd'hui, en France, les lynx sont toujours victimes des humains. Heureusement, des associations se battent pour les protéger.

Difficile à apercevoir

Au Moyen Âge, il y avait des lynx dans presque toute la France. Ils ont ensuite complètement disparu, parce que les humains les chassaient et détruisaient les forêts.
Ils sont revenus petit à petit depuis la Suisse, mais ils restent très discrets et il est peu probable que tu en croises un.
Les lynx sont aujourd'hui protégés, il est interdit de les tuer.

Sur la piste du lynx

Je rêve de croiser un lynx ! Mais comme c'est difficile, je m'amuse à chercher des indices de sa présence. Si tu habites ou si tu pars en vacances dans un endroit où vit le lynx, cherche toi aussi :

- **Des traces de ses pas**
Elles ressemblent à celles du chat, en 3 fois plus grandes !

- **Ses poils droits et fins**
Ils restent parfois accrochés à une branche ou à une pierre.

- **Ses excréments**
Ils sont faits de tronçons imbriqués et contiennent des poils.

Bon appétit, Monsieur Lynx !

En France, le lynx se nourrit surtout de chevreuils ou de chamois.
Quand il en attrape un, il en mange un bout et garde le reste pour plus tard. Grâce à cette technique, il ne capture qu'un animal par semaine environ !

Rouler moins vite

Beaucoup de lynx disparaissent à cause des chasseurs hors la loi ou des collisions avec les voitures. En demandant au conducteur de ralentir sur les routes qui traversent la forêt ou la campagne, **tu peux** éviter de percuter un lynx ou un autre animal sauvage et **sauver des vies.**

Plonge avec les requins

Il m'est arrivé de plonger au milieu des requins. Cela peut te paraître complètement fou, pourtant, ceux qui connaissent bien les requins savent qu'en respectant quelques règles, il n'y a pas à en avoir peur. Ça te tente de venir avec moi ?

La mauvaise réputation

Connais-tu des animaux qui ont mauvaise réputation ? Les requins sont appelés « dents de la mer » ou « mangeurs d'hommes », les loups sont dessinés grands et méchants, les serpents représentent le mal, les corbeaux seraient des oiseaux de malheur. Et toi, tu y crois ?

Une imagination débordante !

Le grand méchant loup est un personnage inventé, tout droit sorti de notre imagination.
Les humains adorent les histoires qui font peur ! Ils créent donc des personnages terrifiants à partir d'animaux, comme le requin.

Incroyable requin

Le requin peut sentir, toucher, écouter, voir et goûter, mais **il a également deux sens supplémentaires**. Il détecte les changements de pression et de magnétisme. Ainsi, il est capable de repérer une proie, même si elle est cachée sous le sable !

Des prédateurs très utiles !

Il existe **plus de 500 espèces** de requins. Malgré leur terrible réputation, **ils participent à l'équilibre de la vie marine**. En mangeant les poissons malades (qui sont plus faibles), ils évitent que les épidémies se propagent. Ils se nourrissent aussi de poissons qui pourraient, sans eux, devenir très envahissants !

Pauvres requins !

Ce ne sont pas les requins qui menacent les humains, mais les humains qui menacent les requins. Tout d'abord, à cause de la pêche : comme les dauphins, les requins meurent souvent prisonniers dans les filets ou piégés par les hameçons. Le changement climatique et la pollution de l'océan leur font aussi beaucoup de mal. **Pour mieux les protéger, apprends à les connaître !**

Observe les gorilles

As-tu déjà regardé un documentaire animalier sur les chimpanzés, les orangs-outans ou les gorilles ? Ne trouves-tu pas qu'ils nous ressemblent ? Observe-les attentivement, tu comprendras qu'ils sont nos cousins !

Le gorille

Les hominidés, notre famille proche

Les gorilles, les orangs-outans, les chimpanzés et les humains appartiennent tous à la même famille, celle des hominidés. Après les chimpanzés, **les gorilles sont nos plus proches parents** !

Tous cousins

En fait, tous les êtres vivants sont cousins entre eux ! Nous avons tous **des arrière-arrière-arrière-etc.-grands-parents en commun**. Ceux que nous partageons avec le gorille ont vécu il y a moins longtemps que ceux que nous partageons avec la fourmi. Il va falloir de la place pour la prochaine fête de famille !

Menaces sur les grands singes

Malheureusement, orangs-outans, gorilles et chimpanzés sont tous menacés. Ils sont **chassés et capturés** illégalement. Leur habitat est aussi détruit par les humains.

Plusieurs espèces d'humains

Tu fais partie de **la seule espèce d'humains qui existe à l'heure actuelle** : *Homo sapiens*. Mais il y a fort longtemps vivaient d'autres humains. L'homme de Néanderthal était l'un d'eux. Cette espèce est aujourd'hui éteinte.

Écoute les papillons voler

**Je me suis promené dans le sanctuaire des papillons monarques au Mexique.
Des millions de papillons viennent chaque année y passer l'hiver.
Ils sont tellement nombreux que tu les entends voler. C'est un spectacle magnifique !**

Les papillons monarques

Étonnants papillons

Après plusieurs générations et sans jamais y être allés, ils retournent **passer l'hiver exactement au même endroit que leurs ancêtres**.

Papillons en danger

Les papillons monarques sont aujourd'hui menacés. Pourquoi ? À cause du **changement climatique**, de la **destruction des forêts** où ils vivent et de l'utilisation de **pesticides**.

Protéger les monarques

Heureusement, des personnes se mobilisent pour sauver les papillons monarques. Ils luttent pour **la création et la protection de réserves**. Des citoyens comme toi et moi comptent et observent ces papillons pour que nous en sachions plus sur eux.

Des papillons près de chez toi

Si tu habites en France métropolitaine, tu ne croiseras pas de papillons monarques. Tu peux cependant t'entraîner à reconnaître ces quelques papillons, qui vivent peut-être près de chez toi.

le citron

l'argus bleu

la belle-dame

la piéride blanche

le vulcain

Mène l'enquête

Trouve les 4 personnes qui rendent service aux animaux.

Réponse : 1. Le monsieur qui soigne les animaux sauvages blessés pour pouvoir ensuite les relâcher. 5. La dame qui observe les oiseaux avec les jumelles pour mieux les connaître et ainsi les protéger. 7. La dame qui manifeste contre les zoos qui enferment les animaux pour les forcer à faire des spectacles. 8. La grand-mère et son petit-fils qui sèment des fleurs pour créer un espace accueillant pour les papillons.

Agis !

Dans ton jardin ou à ta fenêtre

Si tu es attentif aux animaux, tu découvriras un monde captivant. Pas besoin d'aller bien loin, ils sont partout autour de toi. Il te suffit de les observer comme un chercheur !

Laisse faire la nature

Dans ton jardin, choisis de **protéger certains espaces** : n'enlève pas les « mauvaises herbes », qui sont en fait très utiles, ne retourne pas la terre et ne marche pas trop dessus. En gardant ces petites zones sauvages, des plantes pousseront et attireront les insectes butineurs. Les oiseaux s'approcheront alors, puis les mammifères.

Fabrique des boules de graines

À la fin de l'été, ramasse les graines des fleurs fanées. Fais-les sécher. Mélange-les à de la terre argileuse et humide à laquelle tu as ajouté un peu de terreau. Forme des boules et fais-les sécher. Au printemps, lance ces boules dans ton jardin et dans des friches, ou dépose-les dans des pots de fleurs sur ton balcon. **Les fleurs qui pousseront attireront les insectes.**

Invite les oiseaux au resto

L'hiver, les oiseaux ont plus de mal à trouver à manger. Installe-leur un restaurant !

Avec l'aide d'un adulte, fais fondre un peu de beurre.

Mélange-le avec des graines de tournesol non salées.

Laisse durcir au réfrigérateur.

Tartine le mélange sur une pomme de pin.

Accroche-la dehors avec une ficelle à un endroit où tu peux facilement observer les oiseaux, bien au chaud depuis chez toi.

La science, c'est toi !

Tu peux aider les scientifiques à mieux connaître les animaux. Pour cela, participe en famille à des campagnes de sciences participatives (l'Observatoire des oiseaux des jardins, par exemple). Demande à tes parents de te lire les instructions, puis envoie tes observations aux scientifiques. À nous tous, nous pourrons en apprendre beaucoup sur les animaux.

Agis !

Dans ton assiette

Les humains chassent et pêchent des animaux sauvages. Ils en élèvent d'autres pour manger leur chair (la viande et le poisson) ou pour produire des aliments (des œufs, du miel, du lait, etc.) et différents produits (cuir, médicaments, etc.).

Sur la balance

Les humains élèvent tellement d'animaux qu'à l'heure actuelle, la totalité des humains et des mammifères domestiques, comme les vaches, **pèse beaucoup plus lourd que les mammifères sauvages**. Pour chaque kilo de mammifère sauvage, il y a environ 24 kilos d'animaux domestiques et d'humains.

Avec ou sans viande ?

Certaines personnes choisissent de ne pas utiliser et de ne pas manger de produits provenant des animaux (viande, œufs, miel, cuir, etc.). On les appelle des **végans**.
Certains, comme moi, font le choix de ne pas manger de viande et de poisson : nous sommes **végétariens**.
Enfin, d'autres sont attentifs à réduire leur consommation de viande, et c'est déjà très bien ! Pour protéger les animaux, il faut éviter d'en manger trop souvent.

Choisis ce que tu manges

Tous les animaux ne sont pas élevés dans les mêmes conditions. Certains **vivent dans des cages** ou **enfermés** dans des bâtiments, très serrés, sans pouvoir sortir. D'autres peuvent **gambader en plein air** et sont mieux traités. N'hésite pas à demander à tes parents de se renseigner sur le mode d'élevage avant d'acheter de la viande.

Déchiffre le code des œufs !

As-tu déjà remarqué qu'en France, un code est imprimé sur les œufs de poule ? Le premier chiffre de ce code indique le mode d'élevage des poules qui ont pondu ces œufs : « 0 » signifie élevage bio, « 1 » en plein air, « 2 » au sol et « 3 » en cage.
Préfère toujours les œufs avec le code 0 ou 1 !

Moins de pesticides !

Les pesticides ont de **graves conséquences sur l'environnement**. Les herbicides tuent les plantes utilisées par les insectes et autres petites bêtes. Les insecticides tuent les insectes eux-mêmes. S'il y a moins d'insectes, il y a moins d'oiseaux… C'est un cercle vicieux ! Les produits bio sont sans pesticides chimiques et plus respectueux des animaux et de l'environnement.

Agis !

Dans ta vie quotidienne

Dans ta vie de tous les jours, tu peux choisir d'aider les animaux. Tu ressentiras alors beaucoup de fierté. Ton comportement pourra aussi influencer d'autres gens !

Plus d'objets, c'est moins d'animaux

Pour chaque objet que tu possèdes, il a fallu utiliser **des ressources de la nature**. Parfois, on a abattu des forêts pour construire des usines ou des magasins. D'autres fois, on a creusé des mines pour obtenir des métaux. Tu ne les vois pas tout de suite, mais cela a des conséquences sur les animaux !

Avant d'acheter, réfléchis !

Pour éviter d'épuiser la nature, **pose-toi quelques questions** avant de demander à tes parents d'acheter ce qui te fait envie : as-tu **vraiment besoin** de cet objet ? En as-tu besoin **maintenant** ? L'utiliseras-tu ? T'est-il impossible de trouver une **autre solution** pour pouvoir en profiter ? Est-ce que la **fabrication** de cet objet est **respectueuse de l'environnement** ? Si tu réponds « non » à l'une de ces questions, il est préférable de ne pas acheter cet objet !

Les gestes qui protègent

En plus de tout ce que nous avons déjà vu, tu peux faire d'autres gestes pour protéger notre planète :

Éteins la lumière quand tu sors d'une pièce, ainsi que l'ordinateur et la télévision lorsque tu ne t'en sers pas.

Ne laisse pas trop longtemps la porte du réfrigérateur ouverte.

Évite les produits jetables (comme les gourdes de compote, par exemple). Préfère ceux que tu peux réutiliser !

Utilise le papier sur les deux faces.

Apprends à trier tes déchets pour qu'ils soient recyclés.

Utilise un vélo, plutôt que la voiture, pour aller te promener.

Merci beaucoup d'avoir lu ce livre !
Pia et moi, nous sommes très heureux de t'avoir accompagné(e) dans ta mission pour la planète, à la découverte des animaux.
Ouaf ! Ouaf !

Tu as aimé ce livre ?
Rejoins-nous pour d'autres missions planète !

FSC
www.fsc.org
MIXTE
Papier issu de sources responsables
FSC® C102228

Achevé d'imprimer en France en février 2024
sur les presses de Pollina à Luçon
pour le compte des éditions Fayard,
13, rue du Montparnasse, 75006 Paris
N° Editeur : 51.1513.7/01
N° d'impression : 48681

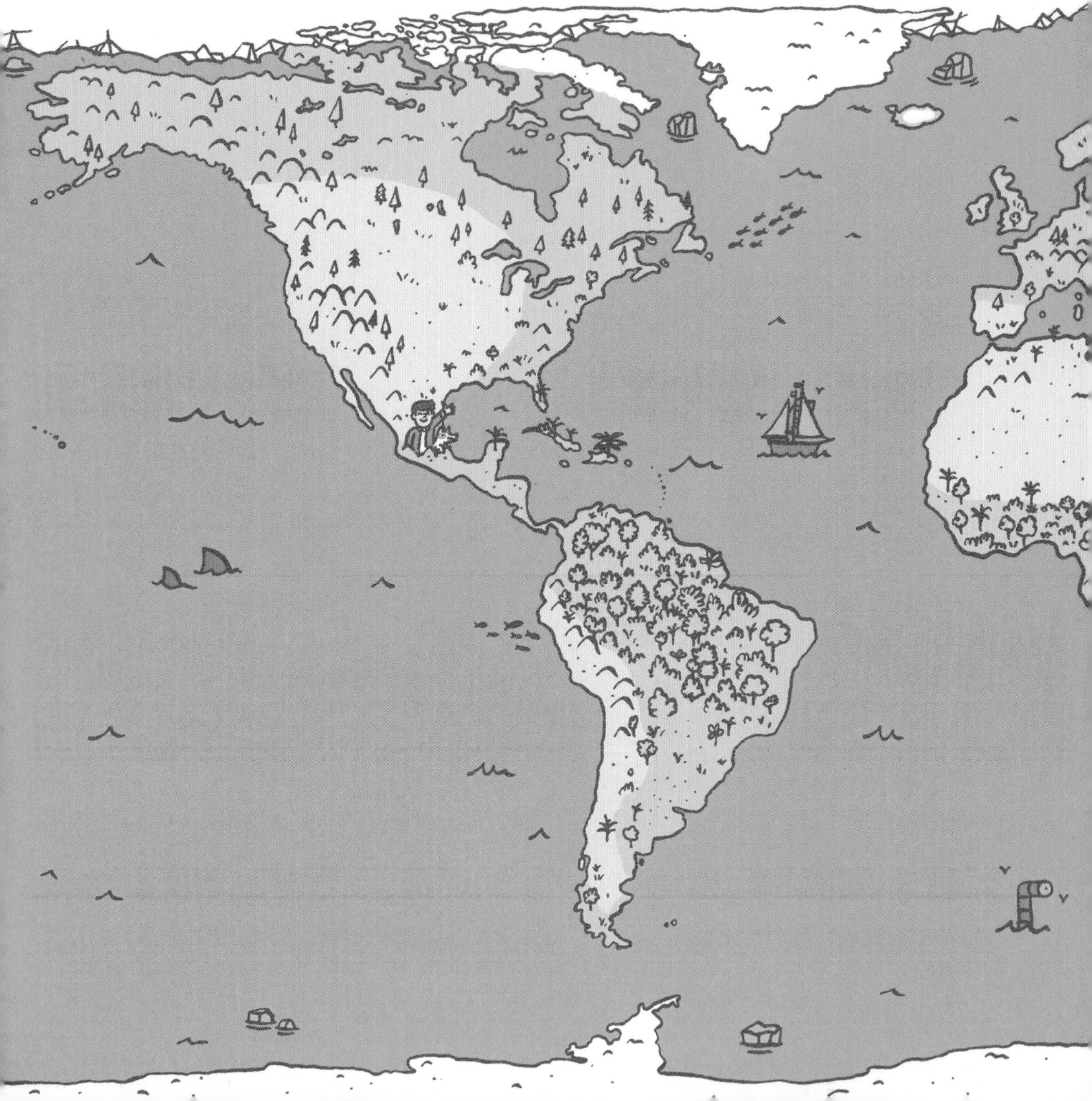